RICHARD J. SAMUELSON

JOSEF MENGELE
L'ANGELO DELLA MORTE DI AUSCHWITZ

JOSEF MENGELE
L'angelo della morte di Auschwitz
Richard J. Samuelson

Copyright © 2020 LA CASE
Copyright © 2014 - 2020 LA CASE
Tutti i diritti riservati

2020 - 1a Edizione Paperback
2020 - 2a Edizione eBook
2017 - 1a Edizione Audiobook
2014 - 1a Edizione eBook

LA CASE Books
PO BOX 931416, Los Angeles, CA, 90093
info@lacasebooks.com || www.lacasebooks.com

ISBN-13: 978-1-953546-95-1

Josef Mengele

Josef Mengele

INDICE

Josef Mengele

.

IL "DOTTOR" JOSEF MENGELE

In tutte le società il termine "medico" e i suoi vari sinonimi, come ad esempio la parola "dottore" o "guaritore", sono associati in maniera naturale a concetti positivi. Il medico è una persona che ti aiuta, ti guarisce, ti fa superare un momento difficile, ti è vicino nel dolore della morte ma anche nella gioia suprema della nascita. A volte un medico può essere perfino un confessore, una persona che custodisce i segreti dei suoi pazienti, al punto che proprio come un confessore religioso anche il medico è tenuto a rispettare il segreto professionale. in ogni circostanza.

Per tutti questi motivi il medico ha sempre rappresentato un punto di riferimento nelle comunità umane, sia che si trattasse di un uomo di scienza che di religione, tanto che nelle civiltà antiche spesso queste due figure si fondevano un unico soggetto che poteva essere definito "sciamano" o, come abbiamo già suggerito, "guaritore".

Ecco perché si resta sempre particolarmente indignati quando si scopre che un medico si è comportato in maniera disonesta: culturalmente è inaccettabile che un dottore lucri sulle malattie dei suoi pazienti, per non parlare di un medico che per imperizia colposa causi la morte dei suoi pazienti. Siamo portati naturalmente ad attribuire un valore positivo a colui al quale ci affidiamo per guarire, e di conseguenza riteniamo moralmente ingiustificabile quando un dottore tradisce la sua missione.

Ho utilizzato volutamente questa espressione perché quella medica non viene percepita solo come una professione, ma come una vera e propria missione (ed ecco che torna la sovrapposizione tra aspetti scientifici e religiosi). Non va dimenticato che alla base della medicina così come la concepiamo c'è il giuramento di Ippocrate, storico personaggio dell'Antica Grecia che viene universalmente considerato come il fondatore della moderna scienza medica.

Ancora oggi i giovani medici ripetono quelle antiche parole che sanciscono in maniera indissolubile l'aspetto etico di questa professione. Basta rileggere la parte centrale del giuramento di Ippocrate per capire immediatamente di cosa stiamo parlando:

«[giuro che] Regolerò il tenore di vita per il bene dei malati secondo le mie forze e il mio giudizio; mi asterrò dal recar danno e offesa.

Non somministrerò ad alcuno, neppure se richiesto, un farmaco mortale, né suggerirò un tale consiglio; similmente a nessuna donna io darò un medicinale abortivo. Con innocenza e purezza io custodirò la mia vita e la mia arte.

Non opererò coloro che soffrono del male della pietra, ma mi rivolgerò a coloro che sono esperti di questa attività. In qualsiasi casa andrò, io vi entrerò per il sollievo dei malati, e mi asterrò da ogni offesa e danno volontario, e fra l'altro da ogni azione corruttrice sul corpo delle donne e degli uomini, liberi e schiavi [...]»

Si tratta di parole inequivocabili, parole che per più di venti secoli hanno contribuito a forgiare nell'immaginario collettivo occidentale l'idea del medico come di un salvatore, un vero e proprio archetipo del bene. E proprio per questo motivo quando in ambito letterario è nato il genere horror i primi protagonisti di questi racconti e romanzi erano dei medici, come il Dottor Frankenstein, il Dottor Faust, il Dottor Jekyll o il Dottor Moreau.

Attribuire un valore negativo a questa precisa categoria di persone infatti rendeva ancora più spregevoli e diaboliche le loro azioni. La figura del medico è quella che più di ogni altra è funzionale per una storia dell'orrore perché va a ribaltare tutti i canoni classici dell'esperienza umana. Stiamo parlando infatti di una categoria di persone con cui tutti hanno avuto a che fare e che di conseguenza è conosciuta e familiare a tutti, un gruppo sociale che come abbiamo visto incarna una naturale propensione al bene (aspetto medico-religioso), oltre al valore positivo della scienza (aspetto medico-scientifico).

Quando tutto ciò viene capovolto ecco che il lettore prova un naturale senso di disagio, disagio che ben presto si tramuta in orrore se a condurre le redini della narrazione c'è la mano sapiente di un grande autore. Fin qui abbiamo parlato di letteratura, di personaggi horror nati dalla fantasia di scrittori talentuosi e niente più.

La storia che stiamo per raccontare però supera di gran lunga i limiti della fantasia umana. Mentre termino questa introduzione, ripensando alle pagine che tra poco leggerete, mi rendo conto che la parola orrore è probabilmente inadeguata per trasmettere il senso di disgusto morale e fisico che ho provato durante le lunghe ricerche che mi hanno portato a scrivere questo saggio. Se decidete di continuare nella lettura allora dovete sapere che state per immergervi all'interno di un orrore senza fine, l'abisso infinito della crudeltà e della lucida follia della mente umana si sta per spalancare sotto di voi.

Su una cosa non ci sono dubbi: la storia del "Dottor" Josef Mengele rappresenta probabilmente uno degli incubi più osceni partoriti dalla mente umana, un dramma intenso e disperato che va ben al di là della comprensione umana. Credo che nessun romanziere, per quanto abile e geniale, avrebbe mai potuto concepire per un suo romanzo una simile intreccio di orrori, lucida follia, depistaggi, connivenze, disumanità e morte. I fatti assurdi e incredibili che leggerete rappresentano ancora oggi una ferita aperta per la comunità degli storici, che continua ad interrogarsi senza trovare risposte: come ha potuto un uomo compiere azioni tanto oscene?

Per quale motivo quello che all'apparenza poteva sembrare un semplice medico era diventato l'ossessione di tutti i cacciatori di nazisti che nel dopoguerra avevano cercato di assicurare alla giustizia quanti erano sfuggiti al processo di Norimberga? Chi ne ha favorito la fuga prima e la latitanza poi? Ma, soprattutto, chi è stato davvero Josef Mengele, l'angelo della morte di Auschwitz?

Quello che stiamo per intraprendere è un viaggio nel delirio della mente umana, un viaggio ben al di là dei confini della realtà in cui orrore e follia si mescolano fino ad assumere forme terribili e, speriamo, irripetibili.

Stiamo aprendo una porta sul nostro passato recente, una porta rimasta chiusa per troppo tempo ma che è necessario spalancare per capire fino in fondo chi siamo e, ahimè, cosa possiamo diventare.

UN MEDICO
ALL'APPARENZA NORMALE

Josef Mengele nasce il 16 marzo 1911 in una Germania che si preparava al primo conflitto mondiale. È il più grande di tre fratelli.

Il padre Karl è il titolare di una fabbrica di macchine agricole e la madre Walburga una casalinga. La famiglia Mengele vive in Baviera e la madre di Josef è una fervente cattolica. La guerra scoppia nel 1914 e il padre di Mengele viene destinato al fronte occidentale.

Il conflitto si conclude nel 1918 con la sconfitta della Germania cui farà seguito la bruciante umiliazione del trattato di Versailles che pone durissime condizioni a un paese sull'orlo del baratro. Questo humus di malcontento e rabbia favorisce la nascita di diversi movimenti estremisti tra cui il nazismo che proprio in Baviera inizia a raccogliere i primi consensi tra la popolazione.

È in questo clima di odio crescente misto a teorie di purezza della razza che cresce il giovane Mengele. Fin da bambino Josef coltiva il desiderio di fare qualcosa di grande. Qualcuno sostiene che la sua smania di stupire il mondo fosse legata alla mancanza di affetto patita in famiglia, dove tanto il padre Karl quanto la madre Walburga erano avari di gentilezze e complimenti nei confronti dei figli.

Josef Mengele è comunque un ottimo studente e quando si applica riesce sempre a eccellere in ogni materia. Nel 1927 si iscrive alla Lega Pangermanica della Gioventù, un'organizzazione di estrema destra apertamente razzista ed antisemita.

Terminato il ginnasio il padre vorrebbe coinvolgere il figlio nelle attività di famiglia, ma Josef non ne vuole sapere di trebbiatrici e trattori. Quel ragazzo ambizioso ha deciso di stupire il mondo e per farlo nel 1930 si iscrive alla facoltà di medicina. L'anno dopo aderisce alle formazioni giovanili dello

Stahlhelm, un'organizzazione paramilitare simile per ideali e ispirazione al partito Nazionalsocialista.

Un suo compagno di scuola dell'epoca lo ricorda così:

«Abbiamo frequentato il ginnasio assieme. Josef era uno studente molto ambizioso. Voleva fare qualcosa di importante voleva diventare un grande scienziato».

La famiglia Mengele è piuttosto benestante e Josef fa una vita da studente privilegiato con tanto di feste e macchine costose. Probabilmente non sa nemmeno cosa siano le mense popolari e i dormitori pubblici dove per anni ha vissuto quel leader politico che infiamma la Germania durante il suo periodo universitario. Stiamo ovviamente parlando di Adolf Hitler, il leader del partito Nazionalsocialista, che nel 1934 era diventato cancelliere. Idee quali purezza della razza, eugenetica, eutanasia, sterilizzazione dei soggetti indesiderati intanto sono entrate di prepotenza all'interno del mondo accademico tedesco di allora. Molti medici, antropologi e scienziati in generale hanno finito per abbracciare l'idea che sia non solo possibile ma addirittura auspicabile una politica di controllo genetico a livello di massa per debellare malattie ereditarie e preservare la purezza della razza ariana. Attenzione però, non dobbiamo confondere l'interpretazione che veniva data allora a concetti quali eutanasia ed eugenetica con quella che viene comunemente data oggi.

Oggi per eutanasia si intende la facoltà offerta all'individuo di porre fine alle proprie sofferenze qualora il trattamento medico non sia più in grado di offrire speranze concrete di guarigione. All'epoca invece per eutanasia si intendeva la facoltà esercitata dalla Stato di porre fine all'esistenza di singoli individui o di categorie intere di persone considerate nocive per la società.

Allo stesso modo l'eugenetica è un concetto che deriva dalla botanica e dal mondo agricolo in generale: per decenni contadini ed agricoltori avevano osservato che certe specie vegetali e animali, se accoppiate tra loro, producevano dei soggetti più forti e resistenti. Così, ad esempio, mescolando due varietà di patate se ne poteva ottenere una che cresceva meglio e richiedeva meno acqua e così via.

Il salto logico compiuto nella prima metà del '900 è quello di applicare concetti come questo alla genica umana: l'idea di base è quella di creare la razza perfetta, esteticamente piacente, fisicamente prestante e intellettualmente superiore eliminando i soggetti portatori di un patrimonio genetico considerato inferiore.

Ovviamente oggi sappiamo che le cose non stanno affatto così ma all'epoca in gran parte del mondo accademico, tedesco ma non solo, queste teorie erano comunemente accettate e considerate valide. Non dobbiamo dimenticare poi che, per quanto possa sembrare incredibile a posteriori, già a partire dalla metà degli anni '20 del secolo scorso la Germania era uno dei paesi con il più alto livello culturale e scientifico del mondo.

In pochissimi anni il popolo tedesco era riuscito a riemergere dalla crisi polita e sociale a cui era stato condannato dal trattato di Versailles ritornando ai vertici del mondo occidentale.

L'adesione al nazismo

Mengele si iscrive al partito nazista nel 1934 (ma alcune fonti riportano il 1937), la sua è la tessera numero 5.574.974. Nel 1935 si laurea in antropologia all'Università Ludwig Maximilian con una tesi sulla Ricerca morfologico-razziale sul settore anteriore della mandibola in quattro gruppi di razze. Nel 1937 inizia a collaborare con il professor Otmar Freiherr von Verschuer, un fervente nazista e responsabile dell'Istituto di Biologia Ereditaria e Igiene Razziale di Francoforte. Verschuer è famoso a livello accademico per i suoi studi di genetica e per il suo particolare interesse per i gemelli.

Quella per i gemelli ed il mistero genetico alla base della loro nascita diventa ben presto anche l'ossessione di Mengele, che infatti comincia fin da subito ad approfondire questo campo di indagine.

Nel 1938 Mengele vince il dottorato in medicina ed entra nelle SS. La sua tesi, intitolata Ricerche sistematiche in ceppi familiari affetti da cheiloschisi (la malformazione congenita più comunemente nota come labbro leporino o gola lupina), da fenditure mascellari o palatali è premiata con la lode accademica, viene immediatamente pubblicata e incontra un certo favore nel mondo scientifico tedesco.

Il 28 luglio 1939, contro il volere della famiglia, sposa Irene Schönbein, una ragazza protestante (e per questo non tollerata dalla madre di Josef) che aveva conosciuto durante il suo periodo accademico.

Per formalizzare il matrimonio ha bisogno del consenso delle SS, in sostanza si tratta di un documento che certifichi la purezza della razza ariana per la moglie Irene (la sua era già stata verificata quando si era arruolato).

Allo scoppio della seconda guerra mondiale viene inviato sul fronte occidentale dove si distingue per coraggio e sprezzo del pericolo, tanto da meritarsi due croci di ferro. Nel 1942, a seguito di una ferita riportata in azione, viene congedato con onore e considerato non idoneo al campo di battaglia. Non contento Mengele si arruola di nuovo come volontario e presta servizio come medico di campo nelle retrovie. Il giovane Mengele è istruito, di buona famiglia, meticoloso ma soprattutto pronto a tutto.

In breve riesce a fare una discreta carriera all'interno delle SS fino a quando il suo mentore, il professor von Vershuer, non lo contatta di nuovo. Si è aperta una posizione di responsabilità presso un campo di concentramento in Polonia. Si tratta di un lavoro che nelle intenzioni di von Vershuer dovrebbe permettere al suo giovane pupillo di fare una brillante carriera nell'amministrazione nazista e, allo stesso tempo, di portare avanti i più terribili esperimenti genetici che la mente umana possa concepire.

Stiamo ovviamente parlando del campo di concentramento di Auschwitz, il campo che più di ogni altro è diventato il simbolo dell'inumanità della barbarie nazista. È l'inizio del 1943 quando Mengele comincia a prestare servizio nel lager polacco, dando immediatamente inizio a uno dei peggiori incubi che la storia dell'umanità ricordi.

L'ANGELO
DELLA MORTE DI AUSCHWITZ

Ad Auschwitz Mengele diventa medico del campo nomadi nel settore Settore BII e di Auschwitz-Birkenau. Più tardi viene nominato capo medico di Birkenau, anche se formalmente è sottoposto al suo superiore in grado, il dottor Eduard Wirths, ma di fatto può godere della massima autonomia all'interno del campo.

Il conflitto è già entrato in una fase critica per la Germania e ogni giorno ad Auschwitz arrivano convogli interi di prigionieri. Si tratta di ebrei catturati nei territori occupati, ma anche zingari e omosessuali, categorie ritenute tutte dannose e pericolose dai vertici della Germania nazista.

Auschwitz è un campo di sterminio,

una struttura concepita ed organizzata per poter eliminare il maggior numero di persone nel modo più efficiente e rapido. Fu probabilmente l'incontro tra ideali folli e una società tecnologicamente evoluta e organizzata a permettere la concretizzazione della malvagità umana conosciuta come Olocausto.

Auschwitz e i campi di sterminio

Per quanto sia triste ammetterlo non possiamo non ricordare le migliaia di tragedie e stragi compiute da alcuni esseri umani ai danni di altri nel corso della storia prima e dopo il nazismo.

Quest'ultimo però a differenza di altre regimi, come quello cambogiano di Pol Pot, riuscì a mettere insieme una struttura di distruzione di massa efficiente e perfetta. Per fare questo furono necessarie competenze tecniche e scientifiche (banalmente ingegneri capaci di progettare camere a gas e forni crematori di massa) uniti ad un ideale cieco. Un mix tremendo che fortunatamente non è più stato così facile ricreare. Mengele, come del resto anche gli altri medici di Auschwitz, è addetto allo smistamento dei detenuti.

I deportati vengono infatti selezionati al loro arrivo al campo: i più forti e quelli con maggiori chance di sopravvivere vengono impiegati come schiavi, gli altri invece vengono immediatamente eliminati. Si stima che ad Auschwitz morirono circa 1 milione e mezzo di persone, per la maggior parte ebrei. Molti di questi non passarono nemmeno una notte al campo ma vennero eliminati pochi minuti dopo il loro arrivo.

Quello dei medici selezionatori è un lavoro particolarmente odioso e tremendo: basta un semplice gesto della mano e il destino di una persona è inevitabilmente scritto. Quelli che vengono assegnati al gruppo di sinistra sono destinati alle camera a gas, chi invece viene selezionato nel gruppo di destra conserva qualche flebile speranza di sopravvivenza. Famiglie intere vengono così separate per sempre: i figli piccoli di solito vengono eliminati quasi subito e molto spesso lo stesso destino viene riservato alle madri. Anche gli uomini però corrono il rischio di venire eliminati immediatamente.

Il viaggio nei convogli speciali provenienti da ogni angolo dei territori occupati infatti poteva richiedere anche settimane. Settimane passate in condizioni disumane ammassati all'interno di vagoni sigillati privi di qualsiasi servizio igienico minimo. Ovviamente le epidemie di dissenteria o altre malattie erano all'ordine del giorno, ragion per cui anche individui sani e robusti ma provati dal viaggio venivano scartati ed eliminati immediatamente.

Come dicevamo il lavoro dei selezionatori è considerato tra i più duri del campo perché costringe l'individuo, spesso un medico appunto, a prendere delle decisioni drastiche sulla base di pochissime informazioni

Richard Baer (Comandante di Auschwitz), Josef Mengele e Rudolf Hoess (l'ex comandante di Auschwitz) ad Auschwitz nel 1944.

L'OSSESSIONE PER I GEMELLI

Mengele aspetta con impazienza l'arrivo di ogni convoglio. È sempre il primo dei medici a presentarsi sulla banchina del treno a qualsiasi ora del giorno e della notte. Spesso vestito di bianco, cammina calmo tra le migliaia di deportati impauriti e provati dal viaggio.

Con rapidi cenni della mano manda alle camere a gas quelli che ritiene non idonei al lavoro e, allo stesso tempo, scruta quella massa di disperati alla ricerca di gemelli monozigoti. La sua freddezza è disumana: fa disegnare una linea bianca alta circa 150 centimetri lungo il muro su cui vengono disposti i bambini durante le ispezioni preliminari: tutti i bambini che sono più bassi vengono spediti direttamente nelle camere a gas. Miklos Nyiszli, anatomopatologo ungherese che venne costretto ad entrare nello staff di Mengele, nel suo libro Medico ad Auschwitz riporta un episodio che più di ogni altro forse fa capire la follia di quella situazione:

«Un giorno, sulla rampa dei treni di Birkenau, mentre Mengele stava facendo una delle sue drammatiche selezioni, gli capitarono davanti due ebrei, padre e figlio tutti e due deformi; si vedeva chiaramente che la deformità del padre era stata trasmessa al figlio.

A Mengele sembrò di aver trovato l'anello mancante di Darwin; li fece immediatamente mettere da parte e tracciò con un gesso blu su di loro la scritta "Fur sektion" e li mandò al crematorio perché li visitassi e redigessi una scheda completa con i loro dati.

Arrivarono da me questi due sventurati padre e figlio, diedi loro da mangiare; poco si rendevano conto di dove erano e perché. Mangiarono voracemente e poi li visitai annotando con cura le loro patologie e tutti gli elementi descrittivi del caso.

Giunse Mengele che li prese con sé e fece morire i due deformi con un'iniezione al cuore; dopo le autopsie mi chiese come si sarebbe potuto estrarre gli scheletri dai due; risposi che una tecnica poteva essere la bollitura dei corpi fino alla separazione delle carni dalle ossa. Nel cortile del crematorio quindi feci mettere a bollire per lo scopo, dentro un grande fusto d'acqua, i cadaveri dei due infelici. Venne al crematorio una squadra di polacchi per aggiustare alcuni mattoni della ciminiera.

Vedendo il fusto sul fuoco pensarono che fosse la carne per il Sonderkommando messa lì a cuocere e affamati com'erano cominciarono a mangiarsela avidamente. Quando ne fui informato corsi subito ma fu troppo tardi».

I gemelli, l'ossessione di Mengele e del suo mentore il professor von Verschuer, sono però il vero obiettivo del processo di selezione di Mengele. All'interno del campo lo sanno tutti: i gemelli sono intoccabili, sono proprietà esclusiva di Mengele che ne può disporre come meglio crede.

Mengele è affascinato dall'idea di poter isolare determinate caratteristiche fisiche, prettamente ariane, per poterle poi riprodurre in serie attraverso il controllo genetico delle nascite. In tal senso il suo interesse per i gemelli monozigoti, ovvero cloni di se stessi, è senza precedenti. I gemelli, molto spesso bambini di pochi anni, vengono quindi separati dei genitori e condotti in baracche speciali più confortevoli e più pulite.

Ecco come ricorda il suo arrivo ad Auschwitz Eva Mozes Kor, una sopravvissuta all'orrore dell'olocausto:

«Il treno si fermò e noi udimmo alcune persone all'esterno che urlavano ordini in tedesco. Mentre scendevo diedi una prima occhiata al campo.

Tutto intorno c'erano alti recinti di filo spinato e nell'aria si sentiva distintamente l'odore di carne bruciata.

Mia madre teneva per mano me e mia sorella gemella. Restammo alcuni minuti ferme, in piedi. Faceva molto freddo. Mia mamma non diceva nulla e restava immobile.

A un certo punto mi resi conto che mio padre e le mie due sorelle più grandi non erano più vicino a noi, non li rividi mai più. Uno delle SS correva avanti e indietro gridando "Ci sono dei gemelli?".

Poi si fermò davanti a noi e guardò me e mia sorella e chiese a mia madre se eravamo gemelle. Lei non sapeva cosa dire e allora a voce bassa chiese: "È una buona cosa?" e quello delle SS rispose che era un'ottima cosa allora mia madre confermò che eravamo gemelle.

Mia madre venne spinta da una parte e noi dalla parte opposta. Quando mi girai per guardarla vidi che tendeva le braccia verso di noi… piangendo. Non la rividi mai più».

Dello stesso tenore il racconto di Ytzach Taub, un altro sopravvissuto all'orrore di Auschwitz solo grazie al fatto di avere un gemello monozigote.

«Siamo dovuti scendere tutti e disporci in lunghe file. Uomini da una parte, dall'altra donne e bambini. Davanti a noi c'era questo Mengele con una posa alla Napoleone che ci visitava.

I giovani più forti venivano messi da una parte come potenziale forza lavoro. Se finivi dall'altra parte eri spacciato.

Noi bambini non eravamo potenziali lavoratori e dovevamo andare sul lato di quelli che sarebbero stati uccisi».

L'equipe dell'orrore

Una volta giunto ad Auschwitz Mengele capisce subito di avere un'occasione irripetibile: in quel luogo dimenticato da Dio e dagli uomini può fare letteralmente quello che vuole. Ha a disposizione tutte le cavie umane che gli servono, non deve rendere conto a nessuno, non ha nessun limite o vincolo morale a cui sottostare. Decide quindi di formare una squadra composta da infermiere e medici, quasi tutti reclutati tra i prigionieri del campo. Per questi poveretti diventare assistenti dell'Angelo della Morte è, paradossalmente, l'unica possibilità di salvezza: grazie al fatto di appartenere allo staff di Mengele possono godere di privilegi impensabili per gli altri deportati, tanto che quasi tutti riusciranno a sopravvivere alla prigionia, anche se per farlo dovranno pagare un conto molto salato.

Come abbiamo detto l'attenzione di Mengele è rivolta principalmente ai gemelli, ma il Dottore di Auschwitz studiò con una certa attenzione anche gli zingari, gli ebrei e i nani. Per Mengele infatti queste tre categorie di persone rappresentavano delle forme umane anomale, il che la dice lunga sulla scientificità del suo pensiero. A proposito dei nani c'è un episodio che vale la pena raccontare.

I fratelli Ovitz

Tra le tantissime storie raccontare dai sopravvissuti ad Auschwitz quella dei fratelli Ovitz è senza dubbio una delle più singolare. Si tratta infatti di sette fratelli, cinque donne e due uomini, tutti e sette affetti da pseudoacondroplasia, una delle forme più comuni di nanismo. In realtà la famiglia Ovitz, famiglia ebrea di origini rumene, comprendeva altri tre fratelli che non soffrivano di nessun tipo di disturbo. Ma concentriamo la nostra attenzione su sette fratelli Ovitz che, proprio grazie alla loro malformazione genetica, riuscirono a sopravvivere all'Olocausto.

Prima dello scoppio della Seconda Guerra Mondiale i fratelli Ovitz avevano raggiunto una certa notorietà all'interno dei circhi dell'Est Europa in cui si esibivano come fenomeni da baraccone. Non dobbiamo stupirci per cose di queste tipo dato che all'epoca i circhi e i carrozzoni di nomadi che attraversavano l'Europa con i loro spettacoli erano popolati da diversi personaggi di questo tipo, veri e propri "freak" che in questo modo riuscivano a trovare una sorta di integrazione in una società in cui i diversi erano pesantemente ghettizzati. Il concetto moderno di "disabile" infatti era praticamente sconosciuto e, anzi, come abbiamo visto nell'Europa di quegli anni si parlava piuttosto di eugenetica e di selezione della razza.

Gli Ovitz erano riusciti a trasformare la loro disabilità in un vero e proprio plus, tanto che con il nome di Lilliput avevano costituito una anomala compagnia di attori, musicisti e ballerini piuttosto affermata. Con l'intensificarsi del conflitto però non riuscirono a sottrarsi alle retate delle SS e così nel maggio del 1944 vennero deportati ad Auschwitz.

Si racconta che quando un ufficiale nazista li vide scendere dal convoglio che li aveva portati nel campo di concentramento polacco si mise ad urlare in preda a una sorta di euforia: «*Chiamate il medico!*».

Tutti infatti erano a conoscenza delle ossessioni di Mengele che, dopo aver interrogato a lungo i sette fratelli, sprizzava gioia da tutti i pori, come ricorda Perla, la più giovane degli Ovitz (all'epoca aveva 23 anni):

«Dopo averci interrogato Mengele era felicissimo, tanto che esclamò: molto bene, ho lavoro per i prossimi vent'anni!».

Per i fratelli Ovitz inizia, se possibile, un incubo ancora peggiore: diventano il giocatolo personale di Mengele che li coccola, permette loro di tenere dei vestiti (presi tra l'altro ai bambini che finiscono direttamente nelle camere a gas), e arriva addirittura a dar loro dei vasini personalizzati in cui fare i loro bisogni, risparmiandogli così l'umiliazione della latrina comune. Ma prestissimo quelle attenzioni così particolari in un luogo di morte e disperazione come Auschwitz si trasformano un incubo: Mengele inizia a fare i suoi esperimenti sui poveri fratelli, esperimenti che sarebbe più corretto chiamare torture. Continui prelievi di sangue, di midollo, sostanze non meglio specificate iniettate nell'utero delle ragazze, denti strappati, acqua bollente e successivamente ghiacciata nelle orecchie, l'incubo sembra non finire mai. Mengele si ferma soltanto quando le sue povere vittime sembrano essere sul punto del collasso totale, come ricorda Perla:

«Quando svenivamo fra vomito e schizzi di sangue, si fermava, appena svegli riprendeva».

L'orrore sembra senza fine: Mengele fa truccare le ragazze come se dovessero partecipare a una festa, dopo di che le espone nude in un convegno privato riservato agli ufficiali nazisti. I poveri fratelli Ovitz sono costretti a soddisfare la follia senza senso di Mengele: nei momenti di calma apparente cantano e ballano per il loro aguzzino che sorride e li tratta in maniera normale e gentile, salvo poi tornare a torturali in maniera barbara e feroce il giorno dopo. Questo peraltro è sempre stato uno dei tratti che ha colpito di più chi ha conosciuto il folle medico di Auschwitz, questo suo apparente sdoppiamento della personalità che lo portava ad essere gentile e premuroso con persone che poi torturava senza pietà o che, peggio ancora, un attimo dopo mandava alla morte con un semplice gesto delle mani.

In quel mondo folle e privo di ogni razionalità sei dei sette fratelli Ovitz riescono a sopravvivere per sette mesi, uno di loro verrà ucciso durante un tentativo di fuga. Dopo quell'esperienza disumana tornarono in Romania, la loro terra natale, per trasferirsi definitivamente in Israele nel 1949.

La routine dell'orrore

Gli atroci e folli esperimenti di Mengele seguivano una routine molto precisa. Se si escludono i casi eccezionali, come quello dei fratelli Ovitz, c'era un vero e proprio schema che doveva essere seguito alla lettera dai medici di Auschwitz.

Per prima cosa i gemelli venivano misurati con attenzione maniacale, operazione che a volte poteva durare anche più giorni. Dopo di che venivano sottoposti a un esame completo ai raggi "X". Ai bambini venivano poi infilati dei tubicini nelle narici per insufflare all'interno dei polmoni un gas che provocava una tosse molto forte. L'espettorato delle vittime naturalmente veniva raccolto e catalogato.

A questo punto le cavie umane venivano fotografate in ogni minimo dettaglio, con un'attenzione quasi maniacale per i capelli e per i peli delle ascelle. La mattina dopo all'alba venivano costretti ad immergersi in una tinozza contente acqua calda. Per evitare che i capelli si bagnassero venivano legati ad una tavola. A questo punto venivano loro strappati i capelli fin dalla radice a più riprese, ripetendo diverse volte anche l'operazione di immersione nell'acqua.

Quando si riteneva che il numero di capelli strappati fosse sufficiente allora i bambini venivano completamente rasati, quindi fotografati. Le torture però non erano ancora terminate per quei disgraziati, a cui venivano applicati successivamente una serie di clisteri da due litri e, successivamente, venivano sottoposti ad approfonditi esami gastrointestinali e rettali. Dato che non veniva praticata alcuna anestesia i bambini venivano imbavagliati per impedire che disturbassero con le loro urla atroci. Terminate queste analisi era il turno di ulteriori sofferenze: veniva infatti prelevato del tessuto dai reni e dalla prostata attraverso un esame urologico. Nel caso dei maschi venivano effettuati prelievi anche ai testicoli.

Questo iter allucinante e privo di ogni logica, che in media durava circa tre settimane si concludeva con l'uccisione a sangue freddo dei gemelli, che venivano poi sottoposti ad autopsia.

Gli organi ritenuti più "interessanti" venivano quindi estratti e inviati al professor Verschuer all'Istituto di ricerca biologico-razziale di Berlino. Si calcola che durante i 21 mesi del suo soggiorno ad Auschwitz Mengele abbia torturato e ucciso più di 3.000 persone, per la maggior parte bambini e adolescenti.

Gli esperimenti

Come abbiamo avuto modo di vedere Mengele selezionava personalmente i gemelli su cui poi avrebbe effettuato i suoi folli esperimenti. Una volta individuato il gemello più anziano gli venivano tatuate le lettere ZW, e cioè Zwillinge, per distinguerlo dagli altri gemelli. Come abbiamo visto i primi esperimenti di Mengele sui gemelli consistono in semplici misurazioni. Vengono confrontate le misure del cranio, la grandezza degli occhi ed altri parametri esterni.

A volte si passava alla trasfusioni di sangue tra gemelli.

«Li ricordo ancora. Gli prelevavano il sangue, saranno state 5 o 10 coppie di gemelli. Gli toglievano il sangue fino a che non cadevano a terra.

Cadevano come sacchetti di plastica vuoti, come bottiglie di birra vuote. Erano lì in terra poi li hanno finiti».

Mengele oltre all'oscena routine di cui abbiamo già detto compie altri esperimenti su quelle povere cavie umane inoculando sostanze tossiche e a volte vivisezionando le sue vittime. Altre volte vengono invece utilizzate sostanze chimiche per valutare le reazioni della pelle, oppure vengono esercitate pressioni di diverso tipo su varie parti del corpo per misurarne la resistenza.

Mengele in persona si preoccupava che i gemelli fossero curati ed alimentati allo stesso modo. Altro elemento importantissimo per i deliri dell'Angelo della

Morte era che i gemelli morissero allo stesso modo e nello stesso istante. Perché ciò fosse possibile i gemelli venivano uccisi con un'iniezione di cloroformio nel cuore. In questo modo infatti il sangue si coagula bloccando le valvole atrio-ventricolari.

All'orrore, comunque, sembra non esserci fine:

«Un giorno ha preso con se due gemelli. Uno dei bambini aveva la gobba. Li ha presi e li ha riportati il giorno dopo o forse due giorni dopo.

Era orribile, li aveva cuciti insieme. Le braccia, le spalle, le vene...tutto. Non ho idea del perché lo abbia fatto.

Le ferite erano piene di pus e quei bambini invece di piangere si lamentavano.

Provate ad immaginare, Mengele ha unito due gemelli come se fossero siamesi.

Due giorni dopo i genitori dei due bambini li hanno soffocati per liberarli da quel tormento».

I racconti dei superstiti sono sempre agghiaccianti:

«Un giorno mio fratello gemello Tibi fu portato via per qualche esperimento particolare.

Il dott. Mengele aveva sempre avuto particolare interesse per Tibi, non so perché, forse perché era più grande. Su di lui fece diversi esperimenti. Uno di questi, alla sua colonna vertebrale lo paralizzò, non poteva camminare.

Successivamente gli asportò gli organi genitali. Dopo la quarta operazione non vidi più mio fratello».

Quanto i soggetti morivano Mengele in persona effettuava l'autopsia. Spesso poi veniva conservati in formalina sezioni ritenute particolarmente interessanti dei cadaveri, altre volte addirittura dei feti. Questi macabri reperti spesso venivano anche inviati ad altri medici nazisti perché facessero ulteriori esami ed analisi.

A questo proposito dobbiamo subito fare una precisazione: Mengele non è il solo a compiere esperimenti su cavie umane in quegli anni dentro e fuori la Germania nazista. Decine di altri medici nazisti infatti portano avanti esperimenti più o meno scientifici su esseri umani.

Aziende come la Bayer, famosa per la celebre aspirina, oltre a produrre il veleno impiegato nelle camere a gas di Auschwitz, il famoso gas Zyklon B, pare abbia acquistato decine di cavie umane da impiegare nei propri laboratori per testare vaccini e medicinali.

Allo stesso modo si registrano casi analoghi presso i campi di prigionieri gestiti da giapponesi durante la seconda guerra mondiale e, secondo alcune testimonianze, programmi simili sarebbero stati condotti sui detenuti di alcune carceri americane fino agli anni '60.

Mengele comunque lavora a stretto contatto con il professor von Verschuer che dal suo laboratorio in Germania gli invia linee guida e suggerimenti per le sue folli ricerche. È un vero e proprio lavoro di equipe il loro: Mengele gestisce la parte operativa sul campo, analizza e invia i risultati dei suoi esperimenti al professor von Verschuer il quale cataloga e manda a sua volta il suo parere di medico e professore.

I campi di indagine sono fondamentalmente due: cercare di capire il mistero della procreazione gemellare e la sua eventuale riproducibilità, e analizzare fino a che punto sia possibile cambiare alcune caratteristiche fisiche, in particolare il colore degli occhi, per rendere i soggetti ariani nell'aspetto.

ESPERIMENTI O TORTURE?

Prima di continuare è importante sottolineare un aspetto troppo spesso trascurato quando si parla degli esperimenti del Dott. Mengele.

Quando, anni dopo, gruppi di scienziati indipendenti hanno analizzato alcuni degli appunti dell'equipe medica di Mengele arrivati fino a noi, non hanno trovato nulla di valido. In quel tipo di sperimentazioni non ci fu mai nulla di rilevante da un punto di vista scientifico. In poche parole si trattava di semplici torture perpetrate su soggetti indifesi e non consenzienti la cui utilità pratica dal punto di vista puramente scientifico era pari a zero. Tutto ciò sempre sulla base dei pochi appunti arrivati fino a noi (la maggior parte del materiale redatto da Mengele e da von Verschuer infatti non è mai stato ritrovato) e delle testimonianze dirette dei sopravvissuti.

Questo potrebbe sembrare un dettaglio di poco conto ma non è così: non possiamo dimenticare infatti che molti scienziati nazisti sono stati impiegati da associazioni governative americane o sovietiche all'indomani della guerra.

È il caso di Wernher von Braun, il celebre ingegnere nazista esperto di missilistica e bombe a lunga gittata che venne impiegato dalla NASA e partecipò al programma spaziale americano che permise lo sbarco sulla Luna nel 1969. Von Braun era una SS esattamente come Mengele, e come lui aveva centinaia di morti sulla coscienza.

In diverse occasioni aveva ammesso di aver utilizzato i prigionieri di Auschwitz come manodopera a basso costo per la costruzione dei suoi razzi. Ciononostante all'indomani della fine del conflitto mondiale venne immediatamente condotto in America dove gli fu fornito tutto il supporto logistico e finanziario per continuare i suoi studi. Per questo motivo non sono pochi quelli che negli anni hanno avanzato l'ipotesi che qualche potenza straniera abbia potuto coprire e finanziare la latitanza di Mengele, magari permettendogli di continuare i suoi deliranti esperimenti genetici. Il fatto che i documenti arrivati fino a noi smentiscano l'ipotesi che gli studi di Mengele abbiano permesso di fare alcun passo in avanti nella conoscenza della genetica non sembra mettere tutti d'accordo.

A ogni modo che si trattasse di deliri di un pazzo era evidente già a chi aveva avuto a che fare con lui, come ha ben raccontato Miklos Nyiszli:

«Subito dopo l'arrivo di un trasporto, una SS cammina lungo la fila che si sta formando dei sopraggiunti e sceglie gemelli e nani.

[...] I gemelli e i nani selezionati si mettono sul lato destro.

Le guardie portano questo gruppo in una baracca speciale, nella quale c'è un buon vitto e comodi posti letto, condizioni igieniche accettabili e i detenuti sono trattati bene.

È il Blocco 14 nel lager BIIf. Di qui i detenuti sono condotti sotto scorta nel blocco per esperimenti, dove vengono sottoposti a tutti gli esami che possono essere fatti a una persona viva: esami del sangue, iniezioni lombari, trasfusioni del sangue tra gemelli e molti altri ancora.

Tutti dolorosi e spossanti. [...]

Allo stesso modo si procede con i nani. Questi esperimenti in vivo, ossia fatti su persone vive —

spacciati per esami medici – sono ben lungi dall'esaurire il problema dei gemelli dal punto di vista scientifico. Sono relativi e dicono poco».

C'è però chi sostiene che i dati in nostro possesso siano soltanto parziali e che non si possa escludere che in realtà alcune preziose informazioni scientifiche siano finite nelle mani di qualche potenza alleata in grado di proteggere la latitanza dell'Angelo della Morte.

Oltre ai gemelli, agli zingari e ai nani Mengele era particolarmente interessato anche ai soggetti colpiti dal Noma, una forma particolare di tumore della pelle che colpisce il viso lacerando i tessuti fino a lasciare del tutto scoperte le membra delle persone.

L'aspetto grottesco e surreale di questa situazione è che in condizioni normali molti dei "pazienti" di Mengele con ogni probabilità non avrebbero avuto nessun problema, ma le condizioni di vita ad Auschwitz erano talmente al di là del limite della sopportazione umana che infezioni e malattie di ogni tipo prosperavano.

I 20 bambini di Bullenhuser Damm

Tra i tanti esperimenti condotti dall'Angelo della Morte non possiamo non ricordare quello dei 20 bambini di Bullenhuser Damm. Mengele aveva sviluppato un particolare interesse per la tubercolosi e così decise di selezionare 20 cavie tra i bambini presenti ad Auschwitz Birkenau.

Particolarmente atroce il modo in cui Mengele selezionò le sue venti vittime, dieci maschi e dieci femmine. Tra loro anche un bambino italiano, il piccolo Sergio Di Simone, di soli 7 anni:

«Chi vuole vedere la mamma faccia un passo avanti».

I poveri sfortunati che andarono incontro all'Angelo della Morte dopo aver sentito quelle parole avevano appena firmato la loro condanna a morte. I bambini infatti vengono trasferiti a Neuengamme e per loro inizia l'incubo. Ai bambini infatti venne fatta incidere una profonda "X" sotto all'ascella destra, all'interno della quale vennero introdotti mediante una spatola i bacilli della tubercolosi. La ferita venne poi chiusa con un cerotto. In questo modo i poveri bambini avrebbero contratto la TBC in maniera molto più avanzata rispetto a una normale malattia.

Mengele questa volta non si occupò dell'esperimento in prima persona, ma delegò tutto al Dott. Heissmeyer. L'obiettivo era quello di raccogliere gli anticorpi che si sarebbero formati per realizzare poi un vaccino, e infatti il Dottor Heissmeyer in seguito asportò ad ogni bambino le ghiandole linfatiche, che si trovano sotto alle ascelle.

All'improvviso però giunse da Berlino un ordine perentorio: i bambini andavano eliminati. Quelle venti cavie umane innocenti, dopo aver sofferto oltre misura per i barbari esperimenti dei medici nazisti, vennero quindi inviate ad Amburgo. I bambini furono portati alla scuola di Bullenhuser Damm, che in quel periodo veniva utilizzata come centro di detenzioni. Qui vennero avvelenati con la morfina e successivamente, per essere sicuri della loro morte, impiccati.

Come ha raccontato in seguito il sottufficiale delle SS Johann Frahm sembravano dei "quadri alle pareti". Il motivo del contrordine arrivato da Berlino del resto è molto semplice: la Germania si stava avviando sempre più velocemente verso la sconfitta e bisognava dunque eliminare ogni prova scomoda degli orrori nazisti. Uno dei particolari più inquietanti di tutta questa assurda vicenda verrà a galla soltanto nel 1960, e cioè quando Heissmeyer verrà processato. Il perito incaricato di studiare il "lavoro" di Heissmeyer, il Prof. Prokop, fece infatti una dichiarazione che fa letteralmente gelare il sangue nelle vene:

«Il tratto caratteristico degli esperimenti condotti da Heissmeyer sta nella straordinaria mancanza di conoscenza scientifica cui si aggiunge una totale ignoranza dei principi dell'immunologia e in particolare della batteriologia.

Non possedeva e non possiede alcuna delle caratteristiche richieste ad uno specialista nella cura della tubercolosi [...] non ha utilizzato alcun moderno testo di base di batteriologia e non aveva alcuna familiarità con i metodi di indagine di questa branca di studi».

Un uomo capace di spaventare le SS

Anche tra gli stessi medici tedeschi del campo la figura di Mengele desta comunque non poche perplessità. Anzi, possiamo parlare di vero e proprio timore nei confronti di quell'uomo dai modi così disumani, che a volte sembrava essere completamente schizofrenico. Un brano di Medico ad Auschwitz del già citato Nyiszli descrive perfettamente che razza di inferno fosse l'animo oscuro di Mengele:

«Stavamo esaminando le cartelle in cui si trovano i documenti sui gemelli finora esaminati.

Il dottor Mengele ad un certo punto ha notato una piccola macchia di unto su una delle cartelle. Mi accade spesso nel corso dell'autopsia di prendere in mano alcune cartelle, e per questo si sarà fatta quella macchia.

Mengele mi ha guardato con aria di rimprovero e mi ha detto: "Come osa Lei trattare in tal modo queste cartelle che io sto collezionando con tanto amore?". Le sue labbra hanno pronunciato la parola amore.

Divenuto di sasso, non sono riuscito a pronunciare neanche una sillaba».

Ecco invece come lo ricorda Hans Munch, un suo collega ad Auschwitz:

«Quando vedevi con che gusto si intratteneva con i bambini sembra tutto incomprensibile. Lo vedevi tutto contento andare in giro per il lager con i più piccoli, soprattutto bambine.

Faceva fare loro giri in macchina. Cercava di farli divertire sapendo che pochi giorni dopo li avrebbe sezionati sul tavolo delle autopsie.

Questa è una cosa che nessuno riusciva a comprendere ma che per lui era normalissima. È qui che la mia comprensione per Mengele si arresta e non riesco più a seguirlo».

Come abbiamo ricordato Josef Mengele è affascinato dagli occhi azzurri, tratto somatico considerato caratterizzante la razza ariana, e pare che conservasse una macabra raccolta di occhi umani nel suo laboratorio.

Durante la sua permanenza ad Auschwitz tenta in vari modi di cambiare il colore degli occhi nei bambini, con risultati spesso mortali. Questi comportamenti assurdi testimoniano in maniera esemplare la sconfortante pochezza scientifica dei suoi metodi.

La convinzione di Mengele, e non solo sua, è infatti che una caratteristica somatica puramente estetica come il semplice colore degli occhi possa in qualche modo modificare il carattere di una persona rendendola superiore ad un'altra. In tal modo una persona bionda e con gli occhi azzurri sarebbe anche psicologicamente e moralmente più forte di una persona con i capelli e gli occhi castani. Oggi che la chirurgia estetica ha fatto passi da gigante sappiamo benissimo che non è così: modificare un tratto somatico o il colore dei capelli non rende più intelligenti o più forti. Per quanto possa sembrare incredibile questo concetto però era condiviso e diffuso nella società tedesca dell'epoca e anche ai più alti livelli accademici.

Come abbiamo detto Mengele ha potere di vita e di morte su tutti i prigionieri del campo. Quando fa il suo giro di ispezione nelle baracche la tensione è palpabile. Basta un suo gesto della mano e il malcapitato viene prelevato dalle guardie per poi sparire per sempre.

Ecco la testimonianza di una sopravvissuta a quell'orrore:

«C'era sempre grande tensione quando si spargeva la voce che Mengele era in giro per la sua ispezione quotidiana.

Soltanto il tono autoritario che aveva il suo portavoce terrorizzava tutti. Poi arrivava lui con i suoi collaboratori.

Era sempre elegantissimo e molto distinto. Sembrava un re quando veniva verso di noi.

Ci osservava con professionalità e iniziava a contarci. Di solito era vestito di bianco e spesso portava dei guanti.

Aveva carta e penna per prendere appunti.

Ci contava. Sì, doveva contare le sue piccole cavie. È difficile spiegare il rapporto tra un oggetto e il suo padrone e quello era il rapporto tra noi e lui.

È difficile spiegarlo a parole. Nemmeno io sono sicura di averlo capito del tutto».

Il fascino perverso del Demonio

A questo punto apriamo un capitolo che può sembrare addirittura paradossale: per quanto incredibile infatti Mengele esercita un certo fascino tra le detenute del campo. Non sono poche infatti quelle che sognavano di avere un'avventura romantica con lui.

La cosa però non deve stupirci più di tanto: sono noti infatti i meccanismi psicologici che portano la vittima a provare sentimenti di affetto per il proprio aguzzino.

La Sindrome di Stoccolma si traduce proprio in una sorta di venerazione morbosa della vittima per il proprio carnefice, e per molti studiosi si tratterebbe di un meccanismo di difesa inconscio, una sorta di identificazione con l'aggressore al fine di limitare le occasioni di scontro.

A tal proposito ecco un'altra testimonianza di una detenuta ebrea ad Auschwitz:

«Mengele stava in mezzo a noi ed era sempre pulito e profumato. Era elegante e molto bello.

Portava camicie blu. Molte ragazze venivano a dirmi "Sarei felice di passare una notte con lui".

Era un altro sintomo della pazzia che si stava diffondendo tra di noi. Eravamo a pochi metri dai forni crematori eppure per qualcuna lui era il principe azzurro».

La moglie Irene viene di rado a trovarlo, la vita all'interno del campo non fa per lei. Non è mai stato chiarito fino a che punto fosse a conoscenza dell'attività del marito.

Il loro rapporto infatti è ormai in crisi e i due si frequentano sempre di meno. Stando ad alcune testimonianze in quel periodo Mengele tradisce spesso la moglie, spesso addirittura con detenute ebree che poi fa regolarmente uccidere:

«Ricordo bene che molto spesso durante i suoi giri di ispezione sceglieva una bella ragazza ebrea e passava la notte con lei ma il mattino dopo la uccideva».

LA DISFATTA TEDESCA

Le sorti della guerra però sono ormai decise e i sovietici stanno avanzando in Polonia. Il 26 novembre del 1944 arriva l'ordine di Himmler di interrompere ogni attività ad Auschwitz. Il tempo di finire l'ordinaria amministrazione e, il 17 gennaio del 1945, Mengele viene trasferito in un campo della Bassa Slesia.

Pochi istanti prima di lasciare il campo supervisiona l'arrivo dell'ultimo convoglio di prigionieri e ne invia alla camera a gas 461 su 509. Poi raggiunge gli altri medici del campo e assieme a loro abbandona Auschwitz. Prima di lasciare definitivamente il lager da un ultimo ordine: uccidere tutti i gemelli superstiti.

Ecco la testimonianza incredibile di una bambina, Miriam Mozes, scampata per miracolo alla morte:

«Credo che Mengele non abbia avuto il tempo sufficiente per portare a termine i suoi esperimenti.

Appena seppe che avrebbe dovuto abbandonare il lager perché i russi stavano avanzando fece uccidere tutti i gemelli nelle camere a gas.

Andammo al forno crematorio ed eravamo già tutti spogliati quando ad un tratto dopo una decina di minuti qualcuno che dovevamo uscire di nuovo.

Avevano finito il gas Zyklon B perciò i bambini che erano ancora in vita non poterono essere uccisi.

Al museo di Auschwitz è conservato un elenco con i nomi dei gemelli gassati e in quell'elenco compaiono il mio nome e quello di mia sorella Eva.

È un miracolo se non siamo morte quel giorno».

I russi arrivano ad Auschwitz il 27 gennaio. Dopo la liberazione si contano appena 180 gemelli sopravvissuti sui 3.500 entrati nel campo. Mengele compie 34 anni due mesi dopo. Ha passato ad Auschwitz 21 mesi in tutto. Ecco come il Dott. Wirths valuta il suo sottoposto al termine di questo periodo:

«Il dottor Mengele, durante il suo periodo di servizio nel campo di concentramento di Auschwitz,

ha messo le sue conoscenze teoriche e pratiche al servizio della lotta contro gravi forme di epidemia. Tutti i compiti che gli sono stati affidati li ha assolti con assiduità ed energia, dimostrandosi all'altezza di ogni situazione e soddisfacendo appieno, nonostante le difficili circostanze, le aspettative dei suoi superiori.

Ha inoltre sfruttato ogni attimo libero da impegni di servizio per continuare i suoi studi di antropologia, nel cui campo ha raggiunto straordinari risultati, sfruttando il materiale scientifico a sua disposizione grazie alla sua posizione di servizio.

Assolvendo scrupolosamente il suo dovere di medico per combattere epidemie, si è ammalato lui stesso di tifo petecchiale. Per la sua eccellente opera è stato premiato con la croce all'onor militare di seconda classe con spade.

Oltre alle conoscenze mediche, possiede una particolare preparazione in campo antropologico, risultando pertanto indicato per qualsiasi altro incarico, anche più elevato».

Un gruppo di bambini sopravvissuti ad Auschwitz.
Foto scattata nel 1945 dalle truppe sovietiche che liberarono
il campo di sterminio nazista.

UNA FUGA MISTERIOSA

Abbandonato il campo di Auschwitz Mengele, assieme ad altre SS di stanza nel lager, raggiunge il campo di concentramento di Gross-Rosen in Bassa Slesia. È una lotta contro il tempo quella dei nazisti in fuga sul fronte orientale. La guerra è ormai persa, l'unica speranza di sopravvivere è quella di essere catturati dagli americani che avanzano da sud e sul fronte occidentale. Cadere nelle mani dei soldati dell'armata rossa è infatti l'incubo peggiore che un soldato tedesco possa immaginare.

Mengele riesce a sottrarsi alla cattura da parte dei sovietici e quasi sicuramente si consegna all'esercito americano tra maggio e giugno del 1945. La situazione è caotica ed è molto difficile discriminare i criminali di guerra dai normali soldati. Gli ordini impartiti dal comando americano sono semplici: rilasciare tutti tranne gli appartenenti alle SS e i leader del partito nazista.

Mengele non è una figura di spicco del partito nazista ma non c'è alcun dubbio riguardo alla sua appartenenza alle terribili SS. Come è facile immaginare Mengele si deve essere sbarazzato della sua uniforme da SS per indossarne una da soldato semplice, ragion per cui riesce a passare inosservato. Gli americani però per sicurezza svolgono anche delle ispezioni corporali alla ricerca del famoso tatuaggio con gruppo sanguigno che le SS portano sotto il braccio sinistro. È un metodo empirico e semplice per riconoscere i membri di quel reparto spietato e disumano ma per qualche motivo questa volta non funziona, perché nessuno sembra essere in grado di identificare Mengele.

Qualcuno sostiene che per qualche non precisato motivo Mengele non avesse il tatuaggio, ma tutte le SS interrogate in materia hanno sostenuto che il famigerato tatuaggio sotto il braccio sinistro era assolutamente obbligatorio e nessuno poteva evitarlo. Altri sostengono che nel caso di Mengele i controlli siano stati fatti male e superficialmente. Alcuni al contrario sono convinti che Mengele sia stato identificato ma protetto dall'esercito americano con il quale iniziò a collaborare fin da subito. Come siano andate veramente le cose probabilmente non lo sapremo mai.

La commissione d'inchiesta chiesta dal governo americano negli anni '90 e recentemente desecretata non ha fatto luce sui tanti, troppi misteri, legati alla cattura di Mengele da parte dell'esercito statunitense.

Pare molto probabile che Mengele si sia consegnato agli americani dando il suo vero nome, per lo meno in una prima fase. A questo proposito non dobbiamo dimenticare che esistevano una dozzina di Josef Mengele arruolati nell'esercito tedesco e che le comunicazioni tra i vari campi di prigionia degli alleati erano spesso lente e problematiche.

Il nome di Mengele poi non era nella lista nera dei maggiori ricercati: non va dimenticato infatti che il campo di Auschwitz era stato liberato dai russi e che gli orrori di quella tragedia non erano ancora trapelati in tutta la loro drammaticità. In sostanza per alcuni mesi Mengele riesce a godere di un certo anonimato, il che gli permette di essere incredibilmente rilasciato a luglio. È assodato poi che abbia ricevuto due visti di rilascio, uno a nome suo e uno intestato ad un nome di fantasia. La cosa risulta alquanto sospetta e senza dubbi alimenta le teorie di quanti vedono in questa torbida faccenda la longa manus di una qualche potenza straniera che avrebbe coperto e protetto la latitanza dell'angelo della morte.

Di nuovo libero

Josef Mengele ora è di nuovo un uomo libero e per alcuni mesi si muove tra il settore americano e quello sovietico. L'opinione diffusa è che in quel periodo recuperi i suoi dossier di ricerca gelosamente custoditi fino alla sua partenza da Auschwitz.

Si stabilisce quindi in Baviera dove trova lavoro come fattore presso un'ignara famiglia convinta che si tratti di uno dei tanti sfollati che hanno perso tutto durante la guerra. I testimoni dicono che non aveva con sé faldoni o documenti. Evidentemente tutto il suo dossier era stato occultato altrove o era stato acquisito da qualcuno.

Nel frattempo i sopravvissuti di Auschwitz rendono le loro drammatiche testimonianze e il nome di Mengele inizia a circolare sempre con maggior insistenza tra americani e sovietici. In poche settimane l'Angelo della Morte di Auschwitz entra nella lista dei 5 ricercati più famosi. In quel periodo Mengele incontra occasionalmente la moglie la quale lo avverte che la polizia è sulle sue tracce e che presto o tardi verrà catturato. Quando la tensione intorno a lui si fa palpabile Mengele lascia la Germania e viaggia in treno fino al Brennero per poi entrare in Italia attraverso uno dei sentieri battuti dai contrabbandieri.

Questa parte della sua fuga è descritta con particolare precisione nella relazione voluta dal governo americano nel 1992:

«Con la prima delle sue cinque guide Mengele arrivò fino al confine tra Austria e Italia al Brennero. La sua guida aveva perso il suo lasciapassare per attraversare il confine quindi gli indicò il sentiero da seguire e Mengele entrò in Italia da solo.

Sebbene abbia descritto tutto questo (in alcune lettere e memoriali redatti in anni successivi NDT) come un'impresa difficile ci sono buone ragioni per credere che si sia in realtà trattato di qualcosa di molto semplice.

Giunto in Italia Mengele venne raggiunto dalla sua seconda guida che lo portò alla stazione da dove prese il treno per Vipiteno. Arrivato a Vipiteno Mengele si recò presso i locali della Croce Rossa dove incontrò il suo terzo complice, Erwin. A quanto pare Mengele si trattenne per circa tre settimane a Vipiteno.

La sua nuova guida lo informò che per proseguire avrebbe avuto bisogno di un documento di identità e gli suggerì di procurarsi una delle carta di identità sudtirolese emesse durante l'occupazione nazista nella zona e al momento ancora accettate dalle autorità italiane.

La settimana successiva Mengele riceveva il suo documento ufficiale rilasciato dal comune di Bressanone a nome "Helmut Gregor".

Una settima dopo Erwin rientrò a Vipiteno dalla Germania dove si era recato per prendere contatti e ricevere soldi dalla famiglia di Mengele.

A quel punto Erwin spiegò a Mengele (che apparentemente fino a quel momento non conosceva la sua destinazione finale) i dettagli del prosieguo del viaggio.

Mengele sarebbe andato a Milano e da qui a Genova dove si sarebbe imbarcato alla volta dell'Argentina. Giunto a Bolzano Mengele incontra Hans il suo quarto complice il quale lo informò che quella sera stessa avrebbe incontrato qualcuno in grado di procurargli un visto di soggiorno per l'Argentina.

A quel punto Mengele incontra il suo quinto e ultimo complice, Kurt, il quale lo accompagna a Genova. Arrivati a Genova Kurt acquista il biglietto sulla nave "Regina del Nord" per la somma di 120.000 lire.

Mengele riesce ad ottenere un passaporto internazionale della Croce Rossa dal consolato svizzero in Italia.

Fu Kurt a portare personalmente Mengele al consolato svizzero e a dirgli esattamente cosa dire per ottenere il documento.

L'impiegata del consolato riassunse la pratica in questo modo "Lei fa richiesta di un passaporto della Croce Rossa internazionale perché, in quanto cittadino sudtirolese, come conseguenza della guerra non riesce a ottenere un valido documento dal governo italiano né da quello tedesco.

Per questo motivo la sua pratica viene accettata perché la Croce Rossa per statuto deve dare aiuto ai bisognosi senza investigare troppo".

Prima di lasciare l'Italia Mengele deve ottenere un documento che dimostra che non ha pendenze col fisco italiano e che non ha mai usufruito di aiuti economici da parte dello stato italiano.

Il giorno successivo Kurt e Mengele vanno al consolato Argentino dove ottengono il visto di "libero ingresso" che viene applicato sul passaporto della Croce Rossa. Il dipendente del consolato si accorge che il passaporto è scaduto il giorno prima (probabilmente la dipendente del consolato svizzero ha fatto confusione con le date).

Mengele e Kurt tornano al consolato svizzero e sistemano il problema delle date. Di ritorno al consolato argentino Kurt e Mengele riescono ad ottenere tutti i documenti di cui hanno bisogno e Mengele viene sottoposto ad una visita medica. A questo punto Mengele aveva solo bisogno di un foglio di via rilasciato dalle autorità italiane. Kurt indirizza Mengele verso un suo uomo di fiducia ma a quanto pare quel giorno questi non era in ufficio.

Per tal motivo Mengele si trova costretto a fare la richiesta da solo e finisce per essere arrestato dalla polizia italiana forse insospettita dal suo comportamento. Viene trattenuto in cella per alcuni giorni ed accusato di crimini contro i prigionieri di guerra italiani. Viene anche interrogato sulla sua amicizia con Kurt.

Per qualche oscuro motivo dopo pochi gironi venne rilasciato. I servizi segreti americani hanno contattato le autorità italiane per investigare su questo arresto ma nulla è emerso.

Pare certo che le autorità italiane non fossero a conoscenza della vera identità di Mengele. Non si sa per quanti giorni Mengele rimase in arresto ma sicuramente venne rilasciato in tempo per imbarcarsi sulla sua nave.

Le autorità italiane provvidero a pagare il supplemento per la prima classe forse per farsi perdonare quell'arresto immotivato».

Segreti e bugie

È chiaro che tutta questa vicenda ha sollevato non pochi interrogativi nel corso degli anni. Non ci sono dubbi sul fatto che Mengele abbia potuto godere di una struttura in grado di farlo espatriare con apparente facilità. Si trattava di Odessa o di una struttura simile? Chi ha aiutato veramente Mengele e perché?

L'episodio dell'arresto da parte delle autorità italiane poi è emblematico: non solo Mengele, in possesso di documenti falsi o per lo meno sospetti, viene rilasciato, ma gli inquirenti si preoccupano pure di pagare il supplemento per permettergli di viaggiare più comodo?

Stiamo parlando del 1949, l'Italia è una nazione devastata dalla guerra e da contrasti interni durissimi, un Paese in ginocchio che sta ripartendo a fatica.

La miseria e la povertà sono all'ordine del giorno ma le autorità hanno fondi per pagare il biglietto di prima classe a quello che pare un semplice emigrante con la valigia di cartone? È evidente che qualcuno non l'ha raccontata giusta.

Giunto in Argentina Mengele si stabilisce a Buenos Aires. All'inizio è guardingo e utilizza nomi di copertura ma ben presto si sente al sicuro ed torna a utilizzare ancora una volta il suo vero nome, che infatti comparirà anche sull'elenco del telefono.

Anzi, fa di più. Quando viene informato che sua moglie ha richiesto il divorzio si presenta all'ambasciata tedesca in Argentina e, come se niente fosse, firma tutte le carte necessarie.

Poi saluta i dipendenti ed esce come se niente fosse.

Il suo nome è ormai sulla bocca di tutti e cacciatori di nazisti come Simon Wiesenthal iniziano a fiutare le sue tracce.

Da anni infatti stanno cercando di scovarlo, eppure nessuno dei dipendenti dell'ambasciata sembra collegare il nome di Josef Mengele a quello del medico della morte di Auschwitz.

Ovviamente anche questo episodio ha destato non poche perplessità, per usare un eufemismo.

Com'era possibile che uno dei ricercati più famosi del mondo potesse presentarsi col proprio nome presso l'ambasciata del suo Paese come se niente fosse se non avesse saputo di poter contare sulla protezione di qualcuno?

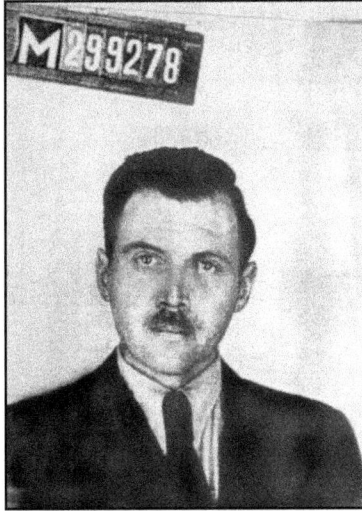

Foto di Josef Mengele scattata da un fotografo della polizia argentina nel 1956 a Buenos Aires per il documento di identità argentino di Mengele.

Josef Mengele

LATITANZA
ALLA LUCE DEL SOLE

Verso la metà degli anni '50 Mengele fa richiesta di un passaporto tedesco presso la stessa ambasciata di Buenos Aires. Anche questa volta utilizza il suo vero nome e tutte le sue generalità e immancabilmente il documento viene emesso. Con il suo passaporto, regolarmente rilasciato e quindi perfettamente valido, Mengele torna in Europa per passare una vacanza in Germania dove incontra la sua famiglia e il figlio Rolf, concepito durante una visita della ex moglie ad Auschwitz. Incredibilmente fa anche ritorno a casa, in Baviera, nella città dove è nato e dove tutti lo conoscono. Ancora una volta nessuno sembra riconoscerlo.

Inizia una relazione con la vedova di suo fratello, Martha, la quale lo raggiungerà in Argentina assieme al figlio Karl Heinz poco dopo. I due si sposano in Uruguay e si stabiliscono a Buenos Aires in una casa di proprietà.

Mengele si sente sicuro a tal punto che, sovvenzionato dai capitali della famiglia, inizia un'attività industriale nel settore farmaceutico, fondando la Fadro Farm. I dipendenti lo ricordano come una persona mite e sempre gentile. Non alzava mai la voce in ufficio e cercava sempre di risolvere i problemi con calma e pacatezza.

Nel frattempo continua a praticare l'attività di medico illegalmente, ovvero senza aver ricevuto nessuna autorizzazione dallo stato dell'Argentina. Nel 1959 viene fermato dalle autorità che indagano sulla morte di una ragazzina che Mengele avrebbe aiutato ad abortire. Ancora una volta ne esce immacolato.

Allo stesso tempo il suo nome comincia a circolare con sempre maggior insistenza tra i cercatori di nazisti e le vittime dei campi di sterminio. Si fa sempre più ampio il movimento di opinione che vuole vedere Mengele assicurato alla giustizia. Nel 1959 l'ex Angelo della Morte di Auschwitz riesce   a ottenere la cittadinanza paraguaiana con   il nome di Jose Mengele. Il Paraguay infatti   è uno degli stati dove trovano rifugio diversi nazisti in fuga. Stiamo parlando di uno stato che non concede l'estradizione all'estero dei sui cittadini ed è pronto a chiudere un occhio, se non due, sul passato di diversi criminali. Il presidente dell'epoca è Alfredo Stroessner, figlio di un immigrato tedesco e fervente ammiratore del nazismo. Non dobbiamo dimenticare poi che sempre in Paraguay si trova la città di Nueva Germania, un esperimento utopistico creato attorno all'idea di costruire una comunità ariana nel cuore dell'America Latina.

Tra il 1959 ed il 1960 Mengele fa la spola tra Argentina e Paraguay. Nel 1960 Martha e Karl Heinz fanno ritorno in Germania e Mengele è di nuovo solo. Tra le tante stranezze non possiamo dimenticare che durante il processo di Norimberga il nome di Mengele affiora diverse volta ma, incredibilmente, non viene spiccato nessun mandato di cattura o di comparizione a suo carico. Anni dopo gli inquirenti si giustificheranno dicendo che all'epoca dei fatti Mengele era ritenuto morto, e questo semplicemente sulla base delle dichiarazioni rilasciate dalla sua famiglia in Germania.

Per quanto possa apparire irreale le cose sono andate proprio così.

Caccia al mostro

Non riuscendo a capacitarsi della cosa, il celebre cacciatore di nazisti Simon Wiesenthal inizia a indagare per conto proprio. Dopo alcune ricerche riesce a mettere le mani sul documento ufficiale di divorzio di Mengele e la prima moglie: il documento risulta essere stato firmato a Buenos Aires.

Wiesenthal allora inizia a premere sul governo della Germania Ovest affinché faccia una richiesta ufficiale di estradizione. Dopo svariate richieste il governo tedesco cede e inoltra la documentazione necessaria all'Argentina. La pratica però resta impantanata per alcuni mesi a causa di alcuni dettagli, ovvero perché al momento dei fatti Mengele non risultava più risiedere all'indirizzo indicato nella domanda di trasferimento. Intanto le settimane passano e con ogni probabilità la voce di un suo imminente arresto arriva anche a Mengele il quale infatti passa il confine e va a stabilirsi in Paraguay, stato di cui come abbiamo visto è cittadino a tutti gli effetti.

Arriviamo così al 1960, l'anno in cui il Mossad, con l'aiuto anche di Simon Wiesenthal, riesce a catturare ed estradare clandestinamente il famigerato criminale nazista Adolf Eichmann. L'operazione, che oggi chiameremmo di extraordinary rendition, permette di assicurare alla giustizia israeliana un criminale con migliaia di vittime sulla coscienza. Si tratta di un successo senza precedenti che viene sfruttato anche da un punto di vista mediatico da parte di Israele. Quello che però non tutti sanno è che nelle ore immediatamente successive al suo arresto Eichmann aveva parlato e fornito dettagli utili per l'individuazione e la cattura di Mengele, che in quel periodo si muoveva ancora tra Argentina e Paraguay.

In particolare Eichmann parla di una casa, specificando anche l'indirizzo, considerata "pulita" ovvero non controllata dalla polizia e in cui molti ex nazisti residenti a Buenos Aires ricevevano comunicazioni e scambiavano informazioni. Gli agenti del Mossad sono ad un passo da Mengele, forse lo individuano pure, ma all'ultimo momento non procedono. Il rischio di compromettere l'operazione Eichmann è troppo grande e così da Israele arriva l'ordine perentorio che obbliga gli agenti sul posto a concentrarsi sull'operazione in corso. Ogni altro obiettivo deve essere abbandonato fino a nuovo ordine.

L'arresto dell'amico Eichmann per Josef Mengele ha le proporzioni di un terremoto. Fino a quel giorno infatti aveva utilizzato ben pochi accorgimenti per non farsi riconoscere. Dopo questo episodio, che da un punto di vista prettamente formale ha tutte le modalità di un rapimento illegale, cambiano completamente le regole del gioco. A nulla possono valere le protezioni di presidenti o altre personalità influenti: se il Mossad riesce a mettere le mani su di lui per Mengele è la fine, questo adesso è chiaro.

A onor del vero dobbiamo subito riconoscere che a dispetto degli sforzi fatti da Wiesenthal e il suo gruppo, ben poco venne in effetti fatto dal Mossad o da qualsiasi altro servizio segreto per individuare Mengele. A fare queste considerazioni sono giunti addirittura alcuni membri dello stesso Mossad di oggi, come Gad Shimron.

All'epoca dei fatti del resto era già abbastanza chiaro come la famiglia di Mengele lo stesse sostenendo finanziariamente durante la sua latitanza. L'azienda di famiglia, guarda caso, negli anni tra il 1950 ed il 1980, inizia una forte politica di internazionalizzazione andando ad aprire molte filiali in diversi paesi dell'America latina. Non era difficile vedere il tentativo di proteggere la fuga del loro rampollo maledetto dietro a questa politica industriale. Eppure nessuno, in particolare nel Mossad, pensò mai di verificare la corrispondenza in arrivo dai Mengele in Germania o di controllare le abitazioni di parenti e uomini di fiducia dell'azienda, ovvero quelle persone che regolarmente andavano in America Latina ufficialmente per seguire l'andamento degli affari. Nonostante tutto il cerchio intorno a Mengele inizia a stringersi e alla fine anche il Paraguay è costretto, sotto la pressione dell'opinione pubblica internazionale, ad annullare la cittadinanza di Mengele ufficialmente per un vizio di forma.

In fuga

Mengele nel frattempo è entrato in contatto con Wolfgang Gerhard, un fervente sostenitore delle idee naziste, che lo aiuta a emigrare in Brasile. All'inizio si stabilisce da Gerhard ma è chiaro a entrambi che quella non può essere una sistemazione definitiva. Gerhard non ha mai fatto mistero delle sue simpatie naziste ed è presumibile che prima o poi qualcuno possa giungere a lui. Geza e Gitta Stammer, due espatriate ungheresi ferventi anticomuniste, decidono allora di aiutare l'Angelo della morte di Auschwitz. Con l'aiuto finanziario di Mengele acquistano una fattoria e vi si trasferiscono tutti. Presumibilmente all'inizio del loro rapporto non sanno chi sia veramente quell'uomo con cui vivono, probabilmente sospettano che sia uno dei tanti nazisti espatriati in America latina.

Nel 1962 le due sorelle e Mengele acquistano un allevamento di vitelli nella Sierra Negra. I rapporti tra i tre sono sempre piuttosto tesi e nel 1963 le Stammer scoprono la vera identità di Mengele. Nonostante tutto decidono di non denunciarlo.

Le autorità tedesche, per qualche motivo non meglio precisato, si convincono che Mengele non possa trovarsi in Brasile, ragion per cui decidono di non inserire questa nazione nell'elenco dei paesi ai quali è stata inoltrata la domanda di estradizione di Mengele. Sempre nel 1962 Zvi Aharoni, uno degli agenti del commando che aveva catturato Eichmann, è di nuovo in America latina. Questa volta l'obiettivo dichiarato è Mengele.

Le prime ricerche in Argentina danno esito negativo e anche in Paraguay Aharoni non riesce a trovare nessuna pista calda. Nel frattempo agenti del Mossad in Europa tengono sotto controllo la famiglia di Mengele ma non emerge nulla di interessante. Vengono allora pedinati altri nazisti che avevano trovato rifugio in Sud America nella speranza che possano condurre in qualche modo al medico di Auschwitz, ma anche questi tentativi si risolvono in un nulla di fatto.

Fino a quando Aharoni non si mette sulle tracce di Wolfgang Gerhard. È proprio seguendo Gerhard che l'agente del Mossad arriva in Brasile in una zona rurale alle porte di San Paolo dove identifica un uomo corrispondente alla descrizione di Mengele. Aharoni deve fare molta attenzione, quella non è una grande città e la sua presenza può essere notata facilmente. Ciononostante riesce a mettersi in contatto con il suo quartier generale in Israele. La pista è promettente anche se manca un'identificazione definitiva per poter passare alla fase operativa della missione, ovvero il rapimento o l'eliminazione del ricercato.

Aharoni rimane nei paraggi in attesa di istruzioni, ma dopo alcuni giorni è costretto ad abbandonare la zona e a far rientro

in patria. Il quartier generale del Mossad
ha infatti deciso di abortire la missione,
ci sono problemi di budget e i rapporti
con l'Egitto sono sempre più tesi, ragion per
cui tutti gli agenti operativi vengono
richiamati in patria. Ancora una volta Mengele
riesce a confondersi con il paesaggio
e a sparire come un fantasma.

IL FANTASMA
FINISCE DI SCAPPARE

Passano gli anni e a poco a poco il clamore intorno a Josef Mengele inizia a scemare. Solo Wiesenthal e pochi accaniti cacciatori di nazisti continuano incessantemente a raccogliere informazioni su di lui.

La presenza di Mengele viene segnalata in America, a Cipro, in Spagna, in Grecia e in molti paesi dell'America Latina. Nella maggior parte dei casi probabilmente si tratta di falsi avvistamenti, ma visto che pare assodato che Mengele abbia viaggiato in Europa per lo meno una volta mentre era latitante, non possiamo escludere che lo abbia fatto di nuovo in quegli anni. Nel 1974 le sorelle Stammers prendono casa per conto loro e Mengele va a vivere in un appartamento indipendente. Ha 63 anni e da oltre 20 anni vive libero da latitante.

Il figlio Rolf, che lo aveva incontrato l'ultima volta nel 1956 durante il viaggio di Mengele in Europa e che era sempre rimasto in contatto epistolare con il padre, gli fa visita nel 1977. Mengele non appare affatto pentito e anche al figlio ripete le stesse frasi di circostanza usate da molti criminali di guerra durante il processo di Norimberga:

«Non ho fatto niente di male, ho solo ubbidito agli ordini».

Ecco come ricorderà questo episodio lo stesso Rolf anni dopo durante un'intervista televisiva:

«Qualcuno mi fece sapere che aveva avuto un ictus o qualcosa del genere.

Stava invecchiando quindi pensai che fosse arrivato il momento di rivederlo piuttosto che di scambiare con lui solo delle lettere. Decisi quindi di incontrarlo e discutere con lui di alcune questioni.

Ho provato una sensazione strana quando l'ho visto in piedi sulla porta. Era sera e mi ricordo che rimasi sorpreso perché sembrava molto vecchio, piccolo di statura e in qualche modo provato.

È stato tutto molto difficile perché sapevo bene che per lui era uno degli eventi più importanti degli ultimi anni. Mi dovetti far forza per mostrargli una certa cordialità ed esprimergli alcuni sentimenti.

Era molto emozionato e aveva gli occhi rossi come se stesse per piangere. Era anche molto orgoglioso della situazione perché diceva che nessuno della famiglia aveva avuto il coraggio di andarlo a trovare e in qualche modo mi considerava come una specie di soldato coraggioso, uno di quelli che affrontano il fuoco nemico.

I primi giorni che sono rimasto con lui ho evitato di parlare di argomenti scottanti come Auschwitz. Alla fine però affrontai anche questi argomenti.

Ricordo che esplose letteralmente. Non si capacitava come suo figlio potesse fargli delle domande del genere. Mi diceva "ma non capisci che sono tutte falsità inventate sul mio conto? Come potrei aver fatto qualcosa del genere! È tutta propaganda, non lo capisci?".

Alla fine ammise l'esigenza dell'olocausto ma finiva sempre per autogiustificarsi dicendo cose del tipo "Cosa potevo fare per salvare migliaia di persone? Ero solo l'ingranaggio di un meccanismo diabolico. In realtà ne ho salvati parecchi".

Cercai di spiegargli che per quanto mi riguardava anche il solo fatto di trovarsi ad Auschwitz e non cercare di venirne via era di per sé una cosa orribile.

Non potrò mai capire come un uomo possa fare

queste cose e non provare rimorso. Che questa persona sia mio padre oppure no. Per quanto mi riguarda è una cosa contro la morale, l'etica e al di là della mia comprensione».

Il 7 febbraio 1979, mentre sta facendo il bagno nell'oceano a pochi passi dalla riva, Mengele viene colpito da un infarto o, forse, da un altro ictus. Cade in acqua e muore annegato. Aveva passato metà della sua vita da ricercato.

Nel 1985 una segnalazione anonima suggerisce alle autorità tedesche di perquisire la casa di Hans Sedlmeier, un vecchio amico di Mengele e dipendente dell'azienda di famiglia. Tra le lettere rinvenute in casa di Sedlmeier gli investigatori ne trovano una nella quale degli amici di Mengele in Brasile ne descrivono la morte. Queste persone vengono individuate e grazie al loro aiuto viene localizzata una tomba nella quale si troverebbero i resti di Mengele.

La salma viene riesumata e sottoposta ai controlli di rito. Si analizzano la forma del cranio, la dentatura, le dimensioni dello scheletro. L'equipe di esperti che lavora sui resti è sicura che si tratti del medico di Auschwitz ma c'è chi non è convinto.

La prova definitiva arriva nel 1992 grazie all'esame del DNA: dopo un lungo tira e molla alcuni membri della famiglia Mengele forniscono una serie campioni del loro DNA.

Il risultato ufficiale non lascia spazio all'interpretazione: il cadavere sepolto in Brasile appartiene a Josef Mengele con un margine di certezza pari al 99%, caso chiuso.

O forse no...

Josef Mengele

I MISTERI
DELL'ANGELO DELLA MORTE

Come abbiamo visto tutta questa incredibile vicenda è ricca di misteri e zone d'ombra. La versione ufficiale è quella che abbiamo raccontato, in diversi punti sembra reggere ma quando si leggono i fatti con attenzione non si può non provare una certa sensazione di malessere.

Da una parte appare chiaro che le indagini non vennero condotte con la dovuta diligenza e che sarebbe bastato pedinare i membri della famiglia o intercettare la corrispondenza del clan Mengele in Europa per individuare l'ex medico di Auschwitz.

Dall'altra invece si ha sempre la sensazione che in tutta questa storia ci sia una nota di finzione, un che di artefatto. È come se qualcuno avesse preparato un copione e ce lo avesse messo di fronte, dimenticando però di ritoccare alcuni dettagli poco credibili. Ne è convinto Ben Abraham, per esempio, storico e studioso rigoroso dell'Olocausto nonché vicepresidente dell'Associazione internazionale sopravvissuti del nazismo, il quale afferma che Mengele sarebbe morto nel 1992, negli Stati Uniti, mentre si trovava sotto la protezione della CIA.

Di conseguenza la clamorosa scoperta dei suoi resti alla fine del 1985 in un cimitero nei dintorni di Sao Paulo sarebbe stata solo una farsa internazionale montata dagli USA e accettata da Israele sotto la pressione americana per motivi di convenienza politica.

Gli Stati Uniti dal canto loro ovviamente hanno sempre smentito ogni tipo di coinvolgimento nella faccenda e, per certificare la loro estraneità ai fatti, hanno prodotto un documento di inchiesta nel 1992 nel quale vengono ripercorse le varie tappe della lunga latitanza di Mengele.

Sicuramente non sono pochi gli interrogativi sollevati da questa vicenda, a partire dalla facilità con cui Mengele si fece rilasciare dagli americani alla fine delle guerra fino alle numerose volte in cui riuscì   a eludere ogni controllo da parte degli investigatori che erano sulle sue tracce, quasi fosse al corrente delle loro mosse in anticipo. Nessuno è mai riuscito a chiarire il comportamento quanto meno bizzarro delle autorità italiane che si offrono di pagare il cambio di classe sul battello che portò Mengele in America latina, né tanto meno l'altrettanto deplorevole comportamento dei dipendenti dell'ambasciata tedesca in Argentina che rilasciarono documenti intestati al criminale di guerra più famoso del suo tempo senza battere ciglio.

Parliamoci chiaro: questa storia, così come ce l'hanno raccontata, fa acqua da tutte le parti e non si può non cadere nella tentazione di vedere la *longa manus* di qualche potente organizzazione dietro alla miracolosa latitanza di Mengele. Oggi è assodato che l'azienda di famiglia sovvenzionò Mengele con denaro e supporto logistico, ma basta questo a garantire la copertura ad un criminale di quel livello?

Le domande sono tante ma una in particolare tormenta ancora oggi gli esperti del caso: dove sono finiti i dossier di Mengele? Come abbiamo visto, quando lascia Auschwitz Mengele porta con sé i faldoni che contengono i risultati dei suoi esperimenti.

Quando viene arrestato dagli americani, a quanto pare, questi faldoni non li ha più, ragion per cui possiamo credere che li avesse eliminati o per lo meno occultati in un luogo sicuro. Una volta rilasciato si muove tra il settore americano e quello sovietico, con ogni probabilità nella speranza di recuperare i suoi documenti. Ma allora che fine hanno fatto i suoi dossier? Potevano interessare a qualcuno?

Come abbiamo detto in precedenza équipe di medici e scienziati hanno esaminato i risultati di alcuni esperimenti scientifici condotti nei campi di sterminio che sono in qualche modo giunti fino a noi, arrivando alla conclusione che nessuno di questi esperimenti aveva valore scientifico.

Si tratta per lo più di studi sulle reazioni del corpo umano sottoposto a bassa pressione o a temperature prossime alle zero. In sostanza stiamo parlando di crudeli misurazioni compiute su cavie umane lasciate morire nell'acqua gelata al fine di misurare la resistenza del corpo umano esposto a condizioni estreme.

Degli esperimenti compiuti da Mengele però sappiamo tutto sommato poco e quindi non possiamo escludere che vi fosse qualcosa che poteva interessare a qualche potenza straniera. Non dimentichiamo infatti che la procreazione assistita e la genetica in senso lato sono due tra le branche della scienza che hanno ottenuto i più grandi risultati negli ultimi 50 anni.

Non possiamo non constatare poi come negli ultimi anni, grazie ai progressi della fecondazione in vitro, il numero di parti gemellari sia aumentato notevolmente rispetto al passato. Coincidenze? Forse.

Quello che è certo è che da anni a Candido Godoi, una cittadina brasiliana a pochi chilometri dal confine con l'Argentina, si è registrata un'esplosione di parti gemellari. Statisticamente e in condizioni normali la probabilità di un parto gemellare è di 1 su 80. A Candido Godoi una gravidanza ogni 5 è di tipo gemellare. Questo fenomeno ha incuriosito molti ricercatori e scienziati, tanto che qualcuno ha iniziato ad indagare sulla storia di questa cittadina lontana da tutto e da tutti scoprendo qualcosa di interessante e di inquietante al tempo stesso. In molti infatti ricordano uno strano medico itinerante che, agli inizi degli anni 60, veniva spesso in città, come racconta il giornalista Camarasa:

«Nella memoria di tante donne era un medico condotto che girava di casa in casa, curava le vene

varicose e distribuiva bottiglie di pozioni e pastiglie... a volte faceva anche il dentista e quasi sempre prelevava sangue ai pazienti.

Molti allevatori della zona ricordano invece un veterinario che prometteva miracoli: "Ci chiedeva che malattie avessero le nostre bestie e ci diceva di non preoccuparci perché lui poteva curarle tutte, ci sembrava rispettabile e molto colto", ricorda l'anziano Aloisi Finkler.

"Diceva di garantire l'inseminazione artificiale per uomini e animali e noi l'ascoltavamo. Solo oggi mi rendo conto che era l'unico a quell'epoca a sostenere di saperlo fare" ricorda stupito Leonard Boufler, un altro allevatore della zona».

A onor del vero dobbiamo anche ricordare che alcuni scienziati nel 2011 hanno smontato questa teoria attraverso l'analisi del DNA della popolazione della zona. Secondo questi scienziati infatti la popolazione di Candido Godoi avrebbe un gene modificato che aumenta le chance di parto gemellare. Ovviamente i sostenitori della presenza di Mengele in zona sono convinti che questa anomalia genetica sia proprio il segno tangibile lasciato dal passaggio di Mengele nel villaggio. A quanto pare, però, un alto numero di parti gemellari in quell'area era un fenomeno registrato anni prima dell'arrivo del dottore di Auschwitz in America latina. Quello che è certo è che per lo meno uno dei due romanzi (e successivamente film) ispirati a Mengele, ovvero *I ragazzi venuti dal Brasile* (l'altro è *Il Maratoneta*) sembra sostenere in qualche modo questa teoria.

Ironia della sorte Mengele riuscì a vedere entrambi i film che gli furono in parte dedicati, dato che *I ragazzi venuti dal Brasile* è del 1978, mentre *Il Maratoneta* è del 1976.

Non sono pochi comunque quelli che ancora oggi si chiedono se Mengele, con o senza l'aiuto di una qualche potenza straniera, abbia continuato i suoi esperimenti durante la sua trentennale latitanza.

Nel corso degli anni la figura di Mengele è assurta a paradigma del male, tanto quanto se non addirittura di più di quella dello stesso Hitler, che a quanto risulta non incontrò mai il medico di Auschwitz. Mengele è sicuramente diventato sinonimo della crudeltà cieca, della mancanza di umanità e di tutti gli altri orribili aspetti del nazismo. Per questo motivo non possiamo escludere che Mengele non sia stato catturato solo allo scopo di mantenere vivo nella memoria di tutti un individuo che ancora oggi racchiude in se stesso tutta l'essenza del male.

Se catturato e processato avrebbe potuto, forse, ridimensionare la sua figura negativa per lo meno a livello mediatico come successo con Eichmann che sotto processo in Israele apparve essere una figura talmente mediocre che la giornalista tedesca naturalizzata americana Hannah Arendt intitolò il suo libro che parla del caso Eichmann *La banalità del male*.

In buona sostanza, in un'ottica di lungo periodo e come simbolo nell'immaginario collettivo, Mengele serviva più da latitante che da imputato in un processo mediatico. Se infatti è vero che Eichmann, a livello di notorietà nell'immaginario collettivo, è morto il 31 maggio 1962, per quanto riguarda la figura di Mengele possiamo dire che egli ancora oggi è vivo e vegeto nel ricordo e nella fantasia di tutta la popolazione mondiale come sinonimo di malvagità. È molto probabile infatti che la figura di Mengele reale e quella legata alla fiction si siano ad un certo punto sovrapposte creando il mostro e l'antagonista perfetto. La riprova starebbe nella biografia del suo alter ego, Aribert Heim, il medico di Mauthausen conosciuto come Dottor Morte. Anche nel caso di Heim, a tutt'oggi uno dei criminali nazisti più ricercati al mondo, le testimonianze parlano di sadici esperimenti su involontarie cavie umane. Come nel caso di Mengele parliamo di iniezioni letale, mutilazioni e altre barbarie compiute nel nome di una scienza che di scientifico aveva ben poco.

Ma le similitudini tra Mengele e Heim non si fermano qui. Anche Heim risulta essere stato arrestato dagli americani per poi essere, inspiegabilmente rilasciato. Anche Heim, quando si aprì il processo a carico del personale del lager dove prestava servizio non figurava nemmeno nell'elenco degli indagati.

Fino al 1962 Heim riuscì a vivere in Germania, senza nemmeno preoccuparsi di cambiare nome. Quando, sulla spinta dell'opinione pubblica e delle rivelazioni di alcuni superstiti, venne aperto un fascicolo contro di lui e venne spiccato un mandato di cattura a suo carico fece perdere le sue tracce per sempre. Anche nel caso di Heim c'è la famiglia del ricercato pronta a proteggere e finanziare la latitanza.

Due casi molto simili, se non speculari per lo meno nella gestione delle indagini. Nel caso di Heim negli anni '90 compare un certificato di morte intestato ad un certo Tarek Hussein Farid che secondo la famiglia del latitante sarebbe stata l'identità di copertura del fuggitivo. Peccato che manchi all'appello il cadavere del defunto e che nel 2001 il commercialista di Heim abbia fatto richiesta allo stato tedesco di abbassare le tasse del suo cliente in quanto regolarmente residente all'estero.

Misteri, depistaggi e orrore ancora una volta si mescolano in una tragedia dai contorni poco chiari. Sul caso Mengele c'è ancora molto da chiarire, ne è convinto il giornalista Jeffrey Hart quando dice:

«La mia impressione storica è che gran parte di questo tipo di cose è mitologia, architettata come una specie di metafora. Non credo alla storia che abbia ucciso una donna schiacciandole la gola con lo stivale. Ci vorrà molto tempo prima che gli studiosi distinguano i fatti dalla finzione circa Mengele».

Peccato che apparentemente questa storia sembri non interessare più a nessuno.

LE POLEMICHE
DOPO L'ARTICOLO
DE IL FOGLIO

A gennaio 2020 il nome di Josef Mengele diventa di nuovo attuale. Il Foglio, quotidiano italiano di area liberale, pubblica infatti una discussa recensione a "Mengele: Unmasking the Angel of Death", l'ottimo libro dello storico David G. Marwell che per anni ha coordinato le attività di ricerca di tanti criminali nazisti sfuggiti alla giustizia, tra cui lo stesso Mengele.

A far discutere non è certo l'ottimo lavoro di Merrel, ma il titolo dell'articolo scritto da Giulio Meotti: *"Professor Mengele. Non solo un assassino. I grandi scienziati del tempo facevano a gara per lavorare al suo fianco. Una nuova biografia del dottor Morte"*. Va da sé che parole del genere hanno subito infiammato il web, con forti proteste che sono montate prima su Twitter e poi su tutti i social network. Resosi conto del grossolano errore Il Foglio ha deciso di cambiare il titolo dell'articolo nella sua versione online, ma la frittata ormai era stata fatta.

C'è anche chi ha pensato che non si sia trattato di un errore ma di una scelta ben precisa. L'obiettivo, in questo caso, non sarebbe stato quello di riabilitare l'Angelo della Morte di Auschwitz ma, molto più semplicemente, quella di fare un po' di pubblicità al giornale in questione. Una semplice scelta di marketing nell'era dei social? Forse, ma non si può non sottolineare come operazioni del genere siano davvero molto pericolose.

La comunità scientifica infatti ha dichiarato a più riprese che i folli esperimenti di Mengele non hanno mai avuto nessuna utilità da un punto di vista medico o scientifico, nonostante a proposito continuino a girare tante leggende metropolitane. Ecco perché bisogna fare particolare attenzione quando si trattano determinati argomenti, il rischio è sempre quello di far passare un messaggio sbagliato. Tremendamente sbagliato.

Eppure lo stesso Meotti non ha fatto marcia indietro neppure dopo le critiche, anzi nel suo sito ha risposto in questo modo a chi lo accusava giustamente di rivedere le sue posizioni:

Intervengo sulle polemiche nazionali in merito al mio articolo uscito sul Foglio sul dottor Mengele. Contro ha parlato persino il sindaco di Roma, Virginia Raggi.

Mi hanno accusato di aver "elogiato", "giustificato" e "scusato" Mengele, come se nell'articolo non avessi spiegato che il suo era l'inferno in terra. Cosa rispondere a simili offese folli e diffamanti? Mai vista una cosa del genere. Come è nata dunque la vicenda?

È in uscita un libro di Marwell, che ha dato la caccia al medico di Auschwitz e già direttore del Museo del patrimonio ebraico di Washington. Vi racconta come il dottore che decideva chi dovesse vivere e morire avesse non soltanto due lauree (medicina e antropologia), ma che avesse studiato con il Nobel Frisch, che era il primo allievo del maggiore genetista tedesco del tempo (Verschuer), che Mengele si stava preparando alla docenza universitaria, che venne pubblicato dalle maggiori riviste sull'ereditarietà del tempo, che una volta ad Auschwitz continuò a collaborare con l'Istituto Kaiser Wilhelm da cui uscirono tanti Nobel, che inviava loro campioni di "materiale" preso ad Auschwitz durante la sua opera di morte, che collaborò perfino con il Nobel Butenandt, che fu insomma un ricercatore importante uscito dal ventre di una medicina malata ed eugenetica. Non era il solo, Mengele. Chi ha scoperto l'autismo, il dottor Asperger, collaborò con i nazisti per mandare a morte i bambini malati. Il manuale di anatomia ancora in uso lo ha scritto il dottor Pernkopf, che fece esperimento sulle vittime del nazismo. E qualche anno fa, lo Spiegel pubblicò un articolo con questo titolo: "Mengele era un ricercatore di punta nel campo della genetica? Il medico delle SS ha condotto esperimenti ad Auschwitz per conto dei laboratori tedeschi".

L'ho giudicata una storia agghiacciante e molto importante e ne ho scritto, perché sì Mengele fu un "mostro", ma fu mostruosa anche la scienza di cui era rappresentante.

Scienza e cultura non sono di per sé espressioni positive, possono diventare scienza di morte. Mi duole se l'articolo ha ferito qualcuno, ma non ci saranno le mie scuse anche a fronte delle aggressioni che ho ricevuto, anche di parte ebraica.

Evidentemente ho rotto un tabù. Ai posteri l'ardua sentenza.

Personalmente considero profondamente sbagliato questo approccio: si dicono mezze verità al di fuori del loro contesto storico e, in questo modo, si costruisce un'immagine distorta della realtà.

Ancora una volta va ribadito che devono essere gli storici a parlare di storia, altrimenti il rischio che a predominare siano l'ideologia, la superficialità o il sensazionalismo sono altissimi. E, quando si affrontano argomenti come Auschwitz e la Shoah, non possiamo permetterci un lusso del genere.

Josef Mengele

BIBLIOGRAFIA

Astor G. (1985). Last Nazi: Life and Times of Dr Joseph Mengele.

Bartel J. (2005). The Holocaust.

FBI, n.d. Josef Mengele "Dr. Mengele".

Hier M. (2010). "Wiesenthal Center Praises Acquisition of Mengele's Diary".

Kershaw I. (2008). Hitler: A Biography.

Kubica H. (1994). "The Crimes of Josef Mengele".

Lifton R. J. (1986). The Nazi Doctors.

Marwell D. G. (2020), Mengele: Unmasking the "Angel of Death".

Matalon Lagnado L., Cohn Dekel S. (1992). Children of the Flames: Dr. Josef Mengele and the Untold Story of the Twins of Auschwitz.

Mozes-Kor E. (1992). "Mengele Twins and Human Experimentation: A Personal Account".

Nash N. C. (1992). "Mengele an Abortionist, Argentine Files Suggest".

Nyiszli M. (1960). Auschwitz: A Doctor's Eyewitness Account.

Posner G. L.; Ware, John (1986). Mengele: The Complete Story.

Press T., 1945. Belsen Trials. New Zealand Herald,

Rapaport H., Pufeles, P. (2009). Dr. Mengele's Twins.

Schult C. (2009). "Why One Auschwitz Survivor Avoided Doctors for 65 Years".

Scrapbook Pages (2010). Jews Arriving At

Auschwitz-Birkenau - Dr. Josef Mengele Made Selections For Gas Chamber.

Rees L. (2005). Auschwitz: A New History.

Wiesenthal S. (1968). The Murderers Among Us.

Willoughby S. (2001). The Holocaust.

Josef Mengele

RICHARD J. SAMUELSON

Storico e divulgatore, Samuelson è specializzato in storia militare. È il responsabile della collana "I Signori della Guerra", pubblicata da LA CASE Books a partire dal 2010. La collana, attraverso una narrazione multimediale che si muove tra ebook e audiolibri, presenta una serie di biografie e monografie a carattere storico firmate da diversi autori, tra cui citiamo Axel Silverstone, Kay Larsson, Antonella Di Martino e Jeremy Feldman.

Tra i suoi titoli di maggior successo ricordiamo le biografie di Gengis Khan e Attila, il racconto della guerra del Vietnam e la biografia di Josef Mengele.

Josef Mengele

LA CASE BOOKS

LA CASE Books è un progetto editoriale nato nel 2010 da un'idea di Jacopo Pezzan e Giacomo Brunoro. Agli inizi del 2010 infatti Pezzan, che vive a Los Angeles, intuisce che quella dell'editoria digitale non è una semplice scommessa sul futuro ma una realtà concreta. Così quando in Italia non era ancora possibile acquistare ebook su iTunes, e Kindle Store era attivo soltanto negli USA, LA CASE Books inizia a pubblicare ebook e audiolibri in italiano e in inglese sul mercato mondiale.

Nel 2020, per celebrare i primi dieci anni di attività della casa editrice, iniziano anche le pubblicazioni in formato cartaceo. Oggi. LA CASE Books ha un catalogo di più di 600 titoli tra libri cartacei, ebook e audiolibri in inglese, italiano, tedesco, francese, spagnolo, russo e polacco, ed è presente in tutti i più importanti digital store internazionali.

www.lacasebooks.com

JOSEF MENGELE
L'angelo della morte di Auschwitz
Richard J. Samuelson

2020 - 1a Edizione Paperback
2020 - 2a Edizione eBook
2017 - 1a Edizione Audiobook
2014 - 1a Edizione eBook

LA CASE Books
PO BOX 931416, Los Angeles, CA, 90093
info@lacasebooks.com || www.lacasebooks.com

ISBN-13: 978-1-953546-95-1

www.ingramcontent.com/pod-product-compliance
Lightning Source LLC
LaVergne TN
LVHW021403080426
835508LV00020B/2426